Zur Erinnerung

an KiTA Hannover 2005

Andrea

D1857377

biblioviel

Denn du bist mir nah

Die Deutsche Bibliothek -
CIP-Cataloguing-in-Publication-Data
A catalogue record for this publication is available from
Die Deutsche Bibliothek.

Südring 16, 44787 Bochum
Fon: 0234-91389-0, Fax: -15, Email: post@biblioviel.de
Gesamtprogramm unter: www.biblioviel.de
Autorenprojekt unter www.Dein-Wort.net

Thorsten Hanson (Hrsg.)
Denn du bist mir nah

Projektleitung »Dein Wort«: Andreas Klawikowski
Redaktion: Anja Neumann, Uta Rehtanz, Timo Rieg
Satz und Gestaltung: Anja Neumann
Umschlagmotiv: Dr. Helmut Puschmann

Der biblioviel Verlag ist Mitglied der Vereinigung evangelischer Buchhändler und Verleger (www.veb-medien.de).

ISBN 3-928781-55-3

Reihe Dein Wort, Band 7

Denn du bist mir nah

Bild: Katrin Heink

Haussegen

Möge dieses Haus ein Ort sein,
an den ihr am Abend gerne zurückkehrt und
euch in eurem Miteinander wohlfühlt.

Möge dieses Haus ein Ort sein,
der einen geschützten Raum bietet,
in dem Entwicklungen stattfinden können.

Möge dieses Haus ein Ort sein,
an dem sich immer wieder Räume
für gelebte Freundschaften öffnen.

Möge dieses Haus ein Ort sein,
an dem soviel Raum bleibt,
dass jeder in sich selbst Heimat finden kann.

Möge ein Engel mit euch in dieses Haus ziehen,

der Räume eröffnet und Heimat bietet.

Bild: Juliane Kroy, Text: Andrea Abele

Vielleicht

Vielleicht ist irgendwann alles ganz anders
Und Meer und Himmel werden eins
Wir leben schmerzlos -
Ohne Tod, ohne Verluste
Wir finden Heimat -
Ohne Leid und Brüche

Wir brauchen eine Sehnsucht, Gott
Brauchen diesen Traum von Vollkommenheit
Wir suchen und wir ahnen
Wissen ist nicht unsere Stärke...

Vielleicht erblühen unsere Seelen
In der Stille des Todes
Und die Pracht deiner Liebe
Bannt unsere befreiten Blicke

Lasst uns glauben
Lasst uns hoffen und lieben
Staunen und empfangen
Das Leben feiern -

Und auf den Steinen unserer Gräber
Soll stehen:
Unbekannt verzogen!

Bild: Frank Herfort, Text: Andreas Jörs

Unser Problem
sind unsere
HÄNDE
denn wir
haben sie
nicht im
Griff

Nur zu oft
wirbeln sie umher
scheinbar unabkömmlich
hektisch
in gewichtiger Aktivität
wo doch Ruhe und
Besinnung
mehr helfen könnten
als man denkt

Nur zu oft
halten sie fest
den ersten Stein
zum Wurf bereit
das Urteil so klar
wo doch Vergebung und
Versöhnung
das Gebot
der Stunde sind

Nur zu oft
lassen sie los
den anderen
der lästig ist
weil schwierig in seiner Art
wo doch Verständnis und
Geduld
gerade sie zeigen könnten
wenn sie nur wollten

Viel zu oft
halten sie zu
Augen - Ohren - Mund
nichts registrierend
was um sie herum
wo doch Weitsicht und
Aufmerksamkeit
und ein alarmierendes Wort
heute so nötig sind

Doch noch viel öfter
vielmals zu oft
stecken sie fest
in den Hosentaschen
der Gleichgültigkeit
Schultern abstützend
die zum Zucken bereit
den Satz auf den Lippen:
Was geht mich das an?

Bild: Holger Kummerow, Text: Volker Germann

Rebe (nach Johannes 15, 1-17)

Einmal nur

reiche Frucht

bringen

Einmal nur

reinen Wein

einschenken

gekeltert

aus meinen

Trauben

Einmal nur

bevor ich

verdorre

Bild: Robin Stege, Text: Gerhard Butke

Das Hohelied der Liebe (vgl. 1.Kor. 13)

Wenn ich so gut reden könnte
und so viele Geschichten erzählen,

dass ich überall im Mittelpunkt stünde
und viele Freunde hätte,

aber ich würde die Menschen nicht lieben,
dann wäre es nichts wert.

Wenn ich auf alle Fragen die richtige Antwort hätte
und im Beruf Erfolge feiern könnte,

wenn ich die Beste im Sportverein wäre
und die Schönste auf jeder Party,

aber ich würde die Menschen nicht lieben,
dann wäre es nichts wert.

Wenn ich jeden Tag eine gute Tat täte und
mich um die Außenseiter der Gesellschaft kümmern würde

und den Bettlern in der Fußgängerzone
mein Geld gäbe,

aber ich würde die Menschen nicht lieben,
dann wäre es nichts wert.

Denn die Liebe ist freundlich und selbstlos, die Liebe sucht nicht eigene Anerkennung und freut sich nicht über Ungerechtigkeit. Wenn alles andere verliert, dann gewinnt die Liebe. Wenn alles andere keine Bedeutung mehr hat, dann gibt es drei Dinge, die von ewiger Dauer sind:

Glaube, Hoffnung und Liebe.

Und die Liebe ist die Größte unter ihnen.

Bilder: Frank Herfort, Irmhild Käding, Text: Verena Mätzke

Hoffnung

Wenn unsere Sehnsucht
keine Worte findet
und die Zeichen
unserer stummen Schreie
nicht gedeutet werden
dann scheint es
inmitten
einer Welt der Versicherungen
als seien wir
verloren
im Umtrieb der Winde
ein Aushauch im Nichts
und sind doch erfüllt
von Hoffnung
auf eine neue Sonne
und eine andere Stadt
die voller Antwort ist

Bild: Frank Herfort, Text: Gerhard Bemm

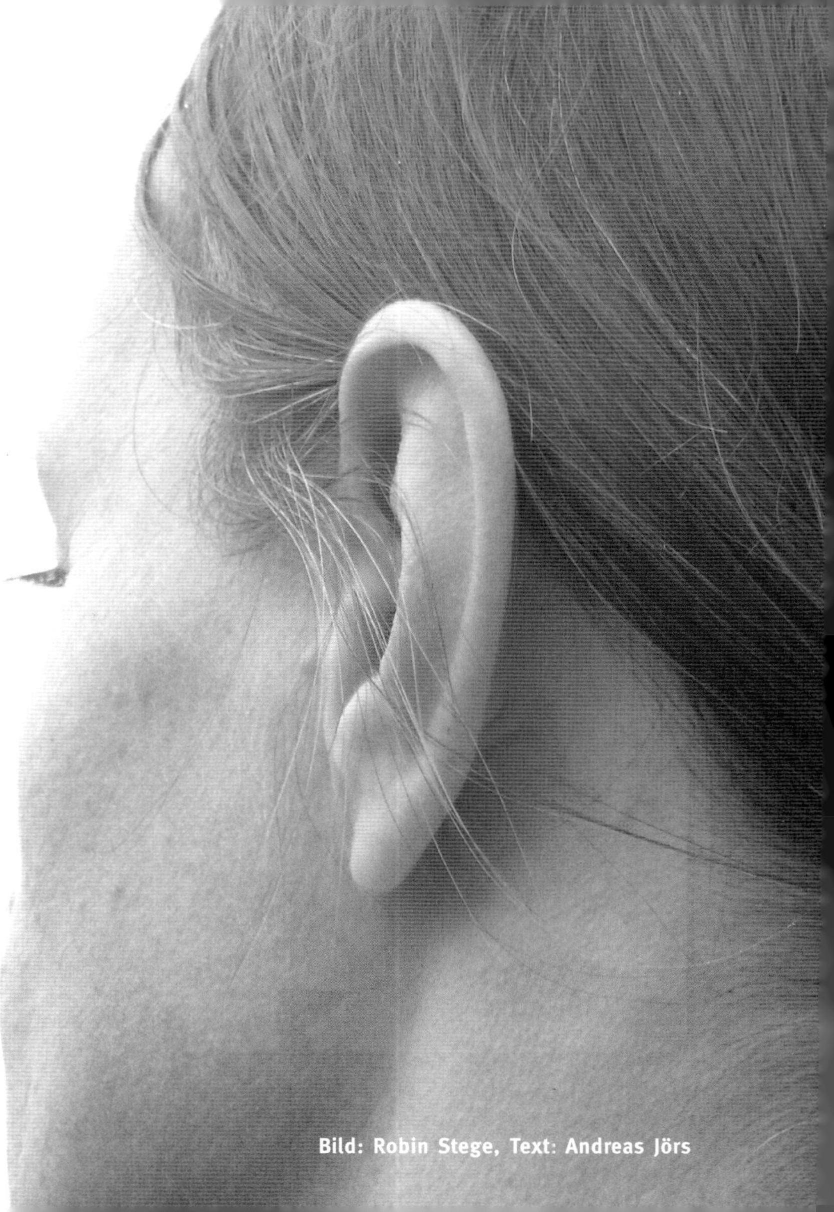

Bild: Robin Stege, Text: Andreas Jörs

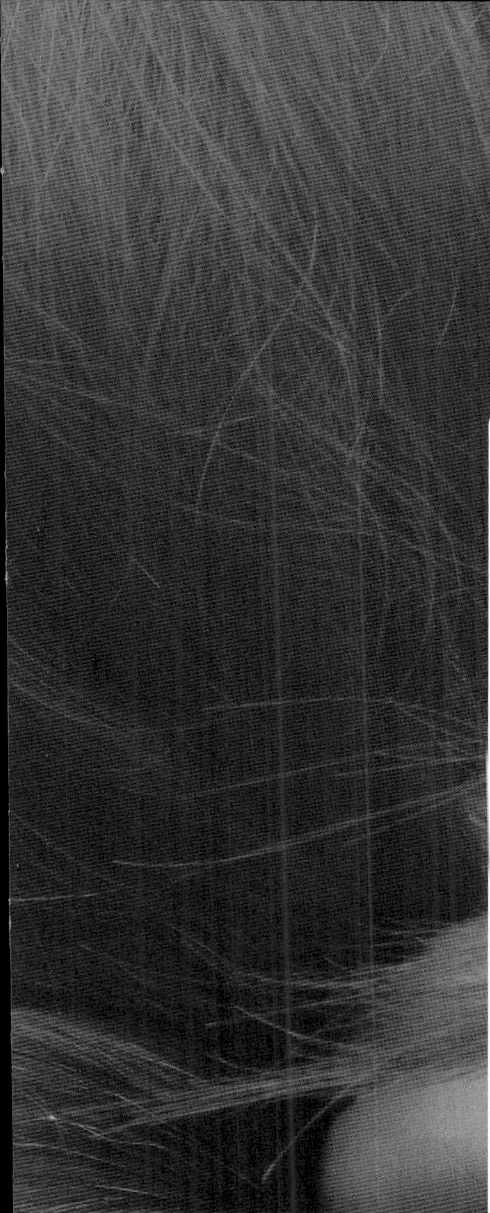

Fortgeschritten

Mein Kind
fragt nicht mehr
mein Kind
ist lange schon
satt
von schlechten Märchen
flacher Unterhaltung
und erbärmlichen
Kompromissen

Mein Kind
blickt allenfalls
zurück

die Zukunft
bleibt
stumm

Mein Kind
fragt nicht mehr
mein Kind
spricht über Mode
Geld
und neuerdings auch
über Körperkorrekturen

Mein Kind
fragt nicht mehr -
mein Kind
wurde

erwachsen.

Gegen die Kälte im Land

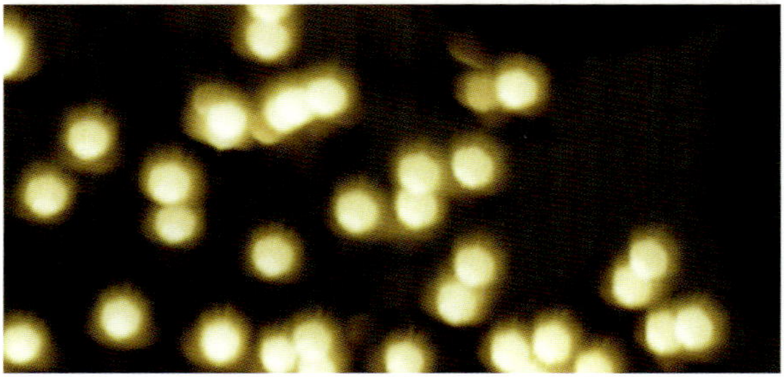

ansingen

achtsam sein

behutsam

den ersten Schritt wagen

auf einander zugehen

berühren und berühren lassen

Bilder: Norbert Neumann, Frank Herfort, Text: Irene Rüegg (erschienen in »Herbstbraut«, Amicus Verlag 2005)

ABSCHIEDSGESCHENK

Die Augen
Sehen nicht mehr
Wollen nicht mehr sehen
So hast du Zeit
In dich zu schauen

Die Ohren
Hören nicht mehr
Wollen nicht mehr hören
So hast du Zeit
In dich zu horchen

Die Füße
Gehen nicht mehr
Wollen nicht mehr gehen
So fällt es dir schwer
Vor dir wegzulaufen

Die Hände
Halten nicht mehr
Wollen nicht mehr halten
So fällt es dir leicht
Von dir zu lassen

Bild: Norbert Neumann, Text: Richard Staab

VERGESSEN

zwischen La Rochelle
und Les Sables d'Olonne
vergaß der herbst
den sommer abzuräumen
eine woche lang
ließ er ihn
zwischen brandung und dünen
im sand liegen
obwohl der wind
und das meer
zur eile mahnten

da lag er nun
der sommer
zu unseren füßen
wir sammelten ihn auf
wie die muscheln
tanzten jive zu
Surfin' USA
am menschenleeren strand
und vergaßen
eine woche lang
dass es für uns auch schon
herbst geschlagen hat

Bild: Holger Kummerow, Text: Armin Zastrow

Weihnachtslied

Gehen

wie die Weisen aus dem Morgenland
mit der Gewissheit
dieser Weg ist nicht umsonst

Staunen

wie die Weisen aus dem Morgenland
mit dem Vertrauen
das Kind ist unsere Hoffnung

Danken

wie die Weisen aus dem Morgenland
mit gewandeltem Sinn
das Kind ist unsere Erfüllung

Gehen

wie die Weisen aus dem Morgenland
mit einem neuen Ziel
das Kind führt uns ins Leben

Bild: Dr. Helmut Puschmann, Text: Gerhard Bemm

Reisesegen

Probier mal
Vom kopf auf die füße zu kommen
Auf den boden
Das leben kannst du auch genau umgekehrt sehen
Probier mal
Dich von mutter erde tragen zu lassen
Zieh schuhe & strümpfe aus
Barfuß ist die quelle der verlangsamung
Verlangsamung führt zum spüren
Spüren zum stiller werden
Stiller werden zum kontakt mit dem stimmenden
In dir
Das zu dir selbst kommen hilft dir
Gelassener & lauschender zu werden
Empfangsbereit
Für die entfaltung deines gleichgewichts
In allen lebenslagen

Lass dir zeit
Lass dir und den andern raum
Ehrgeiz stört nur
Zerstört
Wir brauchen weder uns noch andere zu bewerten
Bewertungen behindern
Verhindern
Vergiss nicht
Der weg ist das ziel
Es zählen nicht meinungen
Sondern das selbsterfahrene oder das selbsterarbeitete
Darum habe mut
Tu nur das was du dir allein zutraust
Doch das tu
So wirst du ein lebendiger segen sein
Für alles was lebt

Bild: Robin Stege, Text: Peter Fuchs-Ott

**Wir Kinder der Erde,
die wir Dich in den Himmel
verbannt haben**

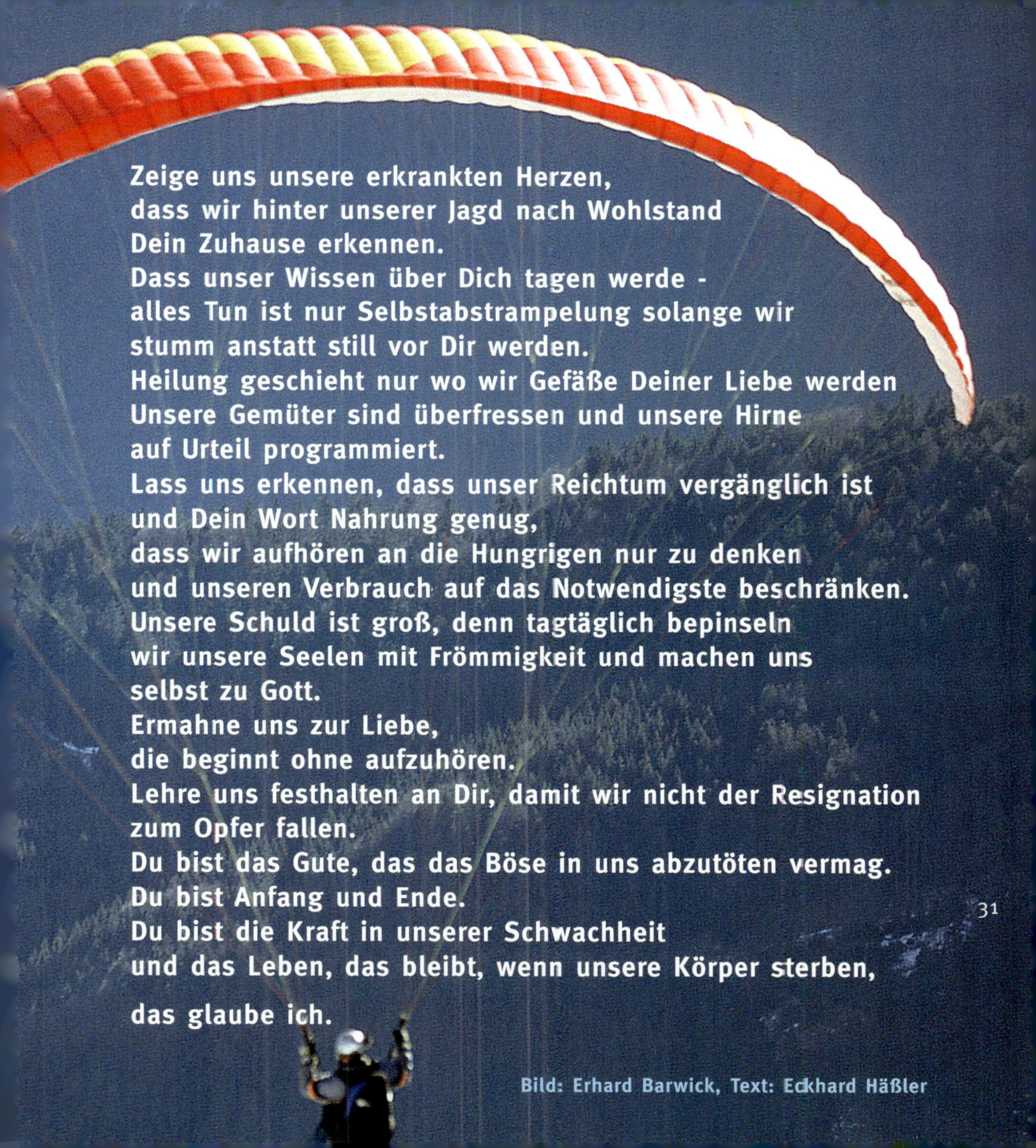

Zeige uns unsere erkrankten Herzen,
dass wir hinter unserer Jagd nach Wohlstand
Dein Zuhause erkennen.
Dass unser Wissen über Dich tagen werde -
alles Tun ist nur Selbstabstrampelung solange wir
stumm anstatt still vor Dir werden.
Heilung geschieht nur wo wir Gefäße Deiner Liebe werden
Unsere Gemüter sind überfressen und unsere Hirne
auf Urteil programmiert.
Lass uns erkennen, dass unser Reichtum vergänglich ist
und Dein Wort Nahrung genug,
dass wir aufhören an die Hungrigen nur zu denken
und unseren Verbrauch auf das Notwendigste beschränken.
Unsere Schuld ist groß, denn tagtäglich bepinseln
wir unsere Seelen mit Frömmigkeit und machen uns
selbst zu Gott.
Ermahne uns zur Liebe,
die beginnt ohne aufzuhören.
Lehre uns festhalten an Dir, damit wir nicht der Resignation
zum Opfer fallen.
Du bist das Gute, das das Böse in uns abzutöten vermag.
Du bist Anfang und Ende.
Du bist die Kraft in unserer Schwachheit
und das Leben, das bleibt, wenn unsere Körper sterben,

das glaube ich.

Bild: Erhard Barwick, Text: Eckhard Häßler

Santa Pola

warum ist die
sonne rund?
mein haar braun,
deines blond
der spiegel ohne
licht wertlos?

warum gibt
es fragen?

warum ist das herz
ein roter muskel
und keine
muschel?

warum ist ein lied
ohne luft nur eine
stehende welle ein
haus ohne leben
ein gefrorener
fisch?

warum fasst
man sich an
den händen
wenn man liebt

zehn finger
verzahnt zu einer
faust geballt oder
zum gebet?

warum fällt der
regen vom himmel

warum steigt der
tau auf

warum brennt
die kerze nie
rückwärts

und geht der krebs
immer
seitwärts?

warum laufen
wir nicht auf
den händen?
im kreis?

warum gibt es
gott?

warum sind die
worte nie genug?

warum haben wir
uns zum abschied

auf der schwelle
nicht ein letztes
mal geküsst?

wer gibt den
kindern die
farben?

wovon träumst
du?

was kann ein
einziger mensch
bewegen?

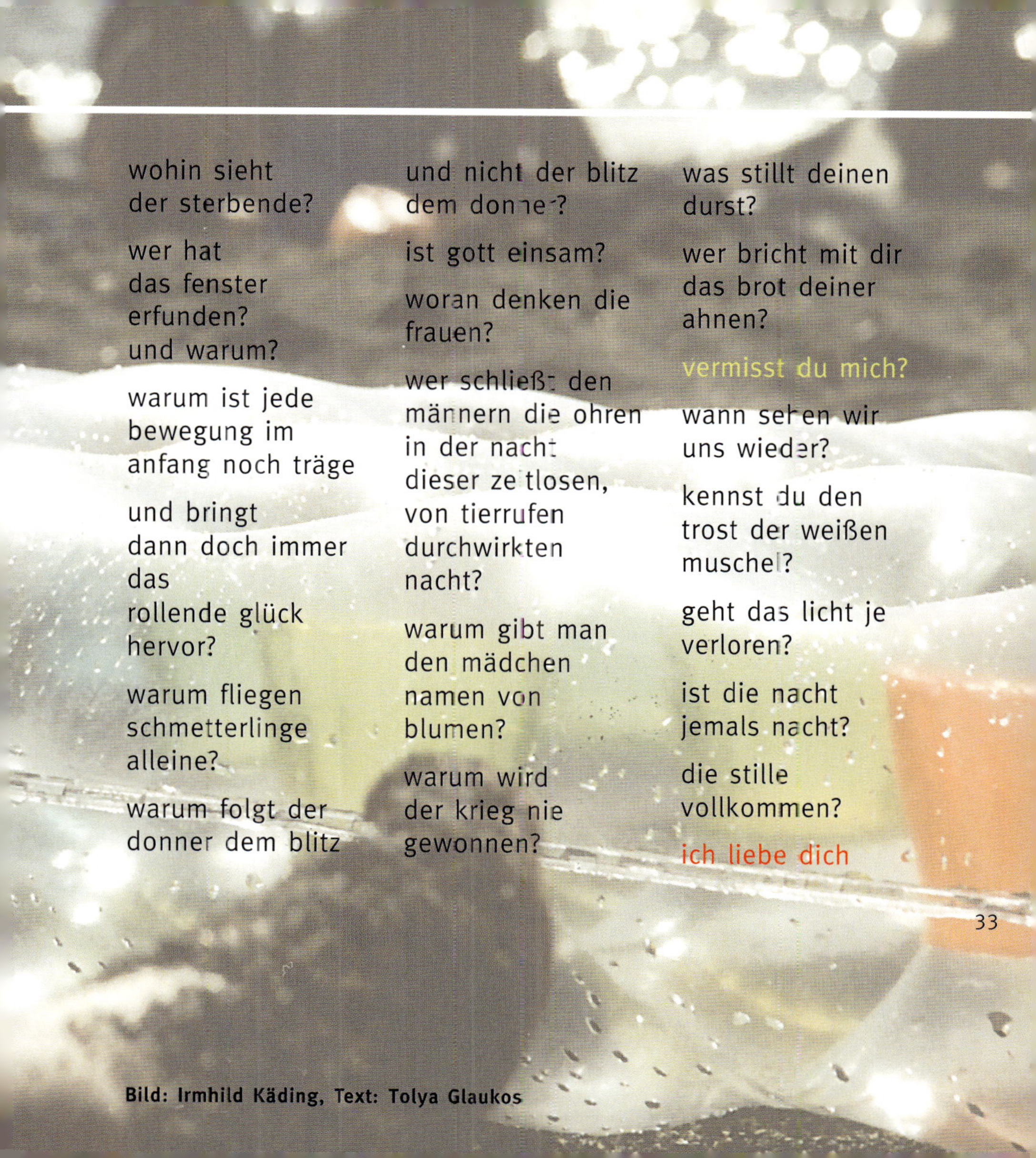

wohin sieht
der sterbende?

wer hat
das fenster
erfunden?
und warum?

warum ist jede
bewegung im
anfang noch träge

und bringt
dann doch immer
das
rollende glück
hervor?

warum fliegen
schmetterlinge
alleine?

warum folgt der
donner dem blitz

und nicht der blitz
dem donner?

ist gott einsam?

woran denken die
frauen?

wer schließt den
männern die ohren
in der nacht
dieser zeitlosen,
von tierrufen
durchwirkten
nacht?

warum gibt man
den mädchen
namen von
blumen?

warum wird
der krieg nie
gewonnen?

was stillt deinen
durst?

wer bricht mit dir
das brot deiner
ahnen?

vermisst du mich?

wann sehen wir
uns wieder?

kennst du den
trost der weißen
muschel?

geht das licht je
verloren?

ist die nacht
jemals nacht?

die stille
vollkommen?

ich liebe dich

Bild: Irmhild Käding, Text: Tolya Glaukos

Stimmen

Eine andere welt ist möglich
Sagt die hoffnung
Eine andere welt ist unmöglich
Sagt die vernunft
Eine andere welt ist nötig
Sagt die ohnmacht
Eine andere welt ist unnötig
Sagt die macht
Eine andere welt wird kommen
Sagt der glaube
Die neue welt ist schon da
Sagt die weisheit

Jetzt

Sagt die liebe

Bild: Norbert Neumann, Text: Peter Fuchs-Ott

Mein Kind

Mein liebes Kind, noch weiß ich kaum etwas über dich.

Ich weiß, du wirst neugierige Augen und Hände haben, wie alle Kinder.

Ich weiß, die Menschen werden auf deine ersten Schritte warten, um über dich zu richten, wie über alle Kinder.

Über deine neugierigen Schokoladenfinger, die auch vor weißen Westen nicht zurückscheuen.

Darüber, dass du vielleicht später Laufen lernst als andere Kinder, später Radfahrer oder das Einmaleins.

Über mich werden sie auch richten.

Über die Mutter, die ihrem Kind nicht immerzu die Finger abwischt, die nicht drängt, dass es wächst und lernt.

Ich weiß auch, dass ich warten werde, auf deine ersten Schritte. Dir die Tränen abwischen, wenn du fällst.

Und deine kleine Schokoladenhand halten, wenn sie über dich richten.

Mein Kind, mein ungeborenes, was wissen sie schon über dich.

Bild: Frank Herfort, Text: Sarah Meyer-Dietrich

An meine Mutter

Ich habe Sehnsucht nach dir.
Mich packt die Kälte.
Ich muss an dich denken.
Wenn ich dich vor mir sehe, wird mir warm.
Wenn mich die Sehnsucht nach dir packt, wird mir kalt.
Du bist nicht mehr da.
Ich will die Sehnsucht nach dir vergessen.
Ich brauche Wärme für mein Leben.
Ohne Wärme stirbt etwas in mir ab.
Doch die Sehnsucht geht nicht vorbei.
Ich brauche dich.

Warum bist du fortgegangen?
Wenn ich daran denke, wird mir bitterkalt.
Aber dann spüre ich auch, dass du noch bei mir bist.
Und dann breitet sich wieder die Wärme in mir aus.
Zuerst war ich wütend, verzweifelt, voller Hass,
weil du mich verlassen hast.
Doch jetzt weiß ich, du hast mir viel geschenkt.
Du hast mir die Kraft dagelassen,
meinen Weg zu gehen.
Ich habe nichts vergessen.
Du hast mir so viel mitgegeben.
Deshalb siegt deine Wärme in meinem Herzen.

Bilder: Rudi Kramer, Robin Stege, Text: Pasqual Hobmeier

LEER

ausgebrannt
zerschlagen
müde
fix und fertig
kaputt
kraftlos
durstig
leer

keine Motivation
keine Nerven
kein Ziel
kein Weg
kein Traum
keine Vision
kein wohin
und
kein warum

das Ziel
von früher
das große
aus den Augen verloren
aus dem Herzen gehetzt

woher
kommt mir
die Kraft
die ich brauche
die Luft
nach der ich schnappe
der Atem
der mich belebt
der Glaube
der mich hält
wie tief unten ich auch bin?

Man sagt:
von dir, Herr.

Ob ich's wage?

Bild: Dr. Anja Mielke, Text: Volker Germann

Radeberger
PILSNER

Nicht müde werden, in der Wüste nach Wasser zu graben,
Zeichen der Liebe zu verschenken bis zum letzten Tag,
mein Wort für deine Stummheit einlegen, meine Kraft
für deine Schwachheit, Gott das Leid dieser Welt
vor die Füße legen und niemals aufhören zu danken.

Bild: Holger Kummerow, Text: Verena Mätzke

HERBSTGEDANKEN Sonett

Die Sommertage neigen sich dem Ende,
es dunkelt anders in den Abendstunden.
Die Vogelschwärme haben sich gefunden,
denn alle Zeichen deuten auf die Wende.

In blassem Nebel liegen jetzt die Strände,
der stolze Kranich fliegt die letzten Runden.
Das Feld hat seine Kahlheit schon verwunden,
die Fischer aber nicht die kalten Hände.

Der Blätterfall gibt uns ein sich'res Zeichen,
dass Altes immer wird dem Neuen weichen,
weil Abschied nehmen heißt auch neu beginnen.

Wenn Jahreszeiten sich die Hände geben,
dann geht in neue Obhut unser Leben
und frohes Herz lässt Wehmut schnell zerrinnen.

Bild: Alexandros Alewa, Text: Reinhard Lehmitz

Zwiegespräch

»Dass wir Freunde sind«, sagte er,
»was bedeutet das für dich?«

Sie lächelte: »Das heißt,
ich sehe durch deine Augen,
höre durch deine Ohren,
fühle durch dein Herz.«

»Also«, sagte er,
»heißt es für dich, dass wir einen Horizont teilen?«

»Nein.« Sie lächelte noch immer. »Wir verdoppeln ihn.«